Alexey Imamov

Procédures et dispositifs pour façonner le processus de réadaptation

Alexey Imamov

Procédures et dispositifs pour façonner le processus de réadaptation

Éditions Muse

Imprint

Cover image: www.ingimage.com

Publisher:
Éditions Muse
is a trademark of
Dodo Books Indian Ocean Ltd., member of the OmniScriptum S.R.L Publishing group
str. A.Russo 15, of. 61, Chisinau-2068, Republic of Moldova Europe
Printed at: see last page
ISBN: 978-620-3-86698-8

Alexeï Imamov

Méthodes et dispositifs pour la formation de processus de réhabilitation fonctionnelle et physiologique complexes utilisant des éléments d'intelligence artificielle et des réseaux de neurones artificiels

Dans une société moderne qui met en œuvre et organise diverses options pour le développement intégré et polyvalent d'une économie innovante, en particulier dans les domaines liés aux industries et technologies intelligentes, les charges de stress de toutes sortes qui émanent des organisateurs les plus actifs des processus de développement de projets et des générateurs de de nouvelles idées techniques et commerciales visant à optimiser et à accélérer les processus de développement, nécessitent une réponse adéquate et des technologies discrètes, mais extrêmement fiables et naturelles et des équipements spéciaux pour la réhabilitation

Les jeux de sports de table sont l'une des sources les plus importantes et les plus prometteuses pour les technologies de rééducation complètes.

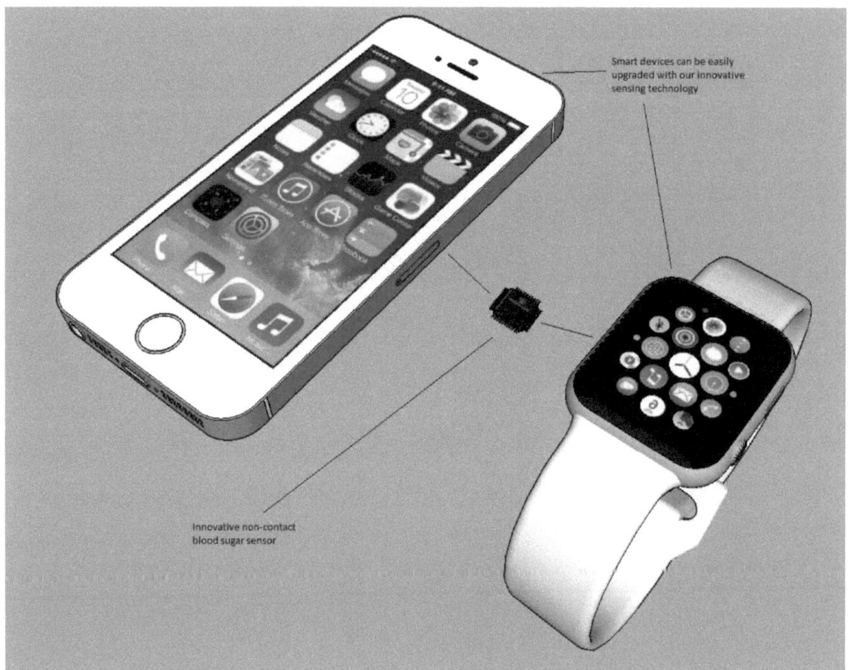

Figure 1 - la figure montre un modèle de contrôle de système et de sous-systèmes de modèles complexes de régulation utilisant des capteurs résonnants sans contact comme liens dynamiques entre un objet contrôlé en mouvement et des moyens de communication mobiles, fonctionnant sur les principes de la spectroscopie par résonance électromagnétique et ayant différentes conceptions

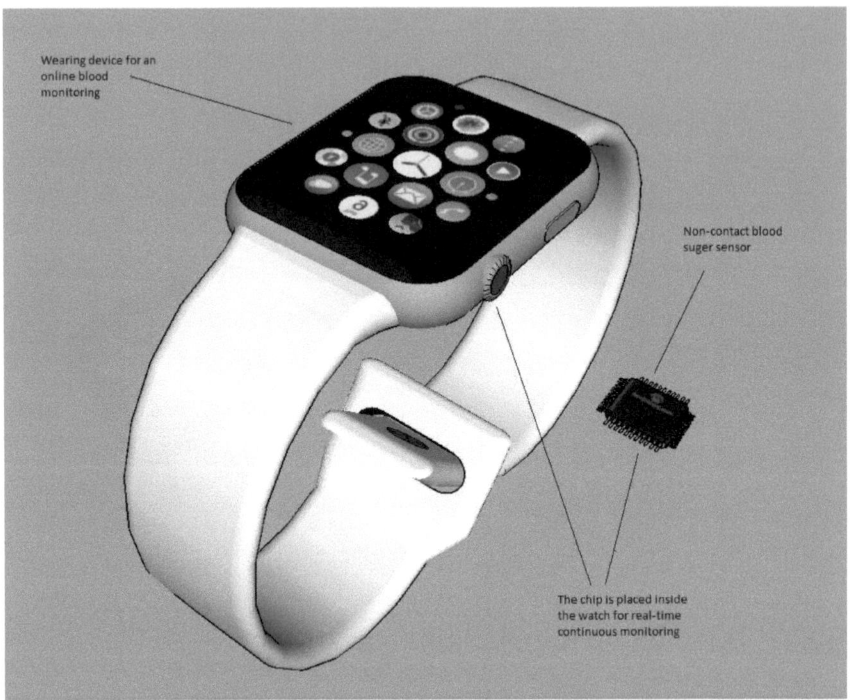

Figure 2 - la figure montre également un modèle de contrôle de système et de sous-systèmes de modèles complexes de réglementation utilisant comme liens dynamiques entre un objet contrôlé en mouvement et des dispositifs de communication mobiles réalisés sous la forme de montres intelligentes, des capteurs résonnants sans contact fonctionnant sur les principes de la résonance électromagnétique spectroscopie et ayant des performances de conception différentes

Pour les montres dites intelligentes, la conception du capteur est - une bobine plate, - une micro-carte électronique avec la topologie originale d'un solénoïde plat

Un tel capteur reçoit de l'énergie de la pile de la montre et est constamment en mode de surveillance des paramètres du corps du joueur de tennis de table.

Dans le même temps, dans la surveillance en temps réel, plusieurs paramètres importants peuvent être mesurés, qui peuvent être influencés par la nature trop intense du jeu. – par exemple : glycémie, tension artérielle, etc.

Ces applications revêtent une importance particulière dans le cas de l'intégration dans des systèmes logiciels de l'ensemble du complexe de réhabilitation d'éléments d'intelligence artificielle et de réseaux de neurones artificiels.

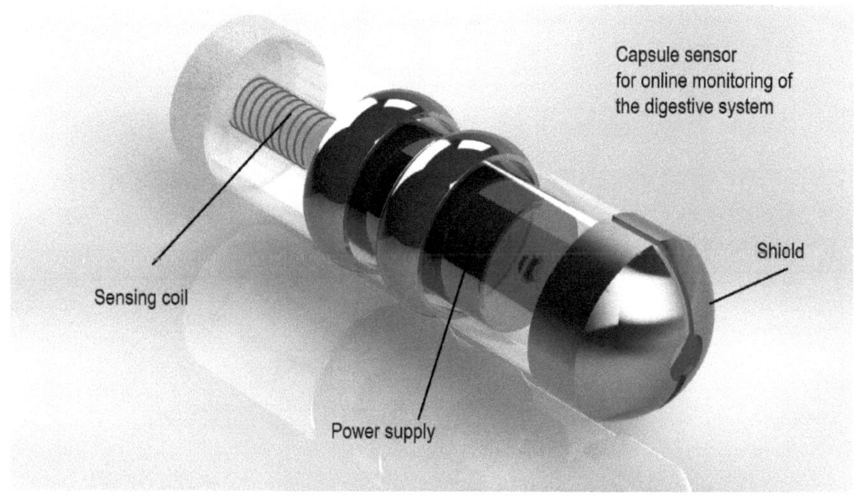

Figure 3, - la figure montre également un modèle de capteur intégré, qui est inséré dans le trou axial du manche d'une raquette de tennis de table

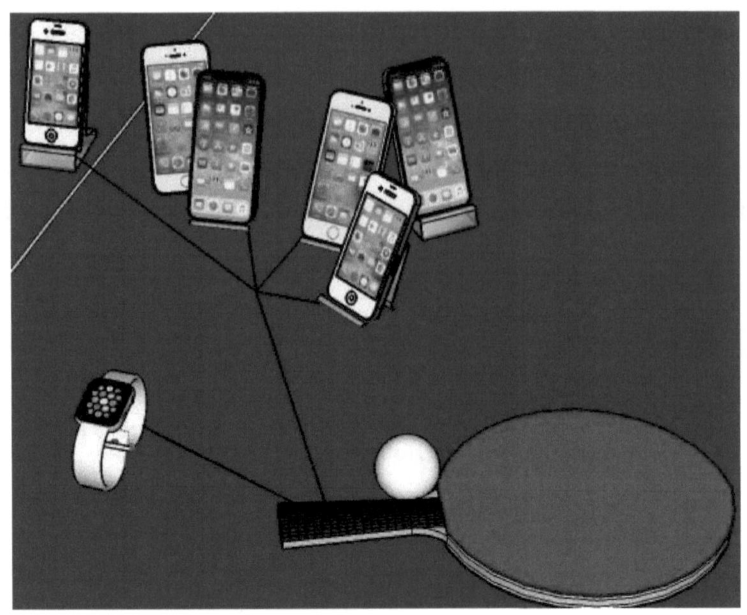

Figure 4, - la figure montre également le modèle

Figure 5, - la figure montre également le modèle

Figure 6, - la figure montre également le modèle

Figure 7, - la figure montre également le modèle

Figure 8, - la figure montre également le modèle

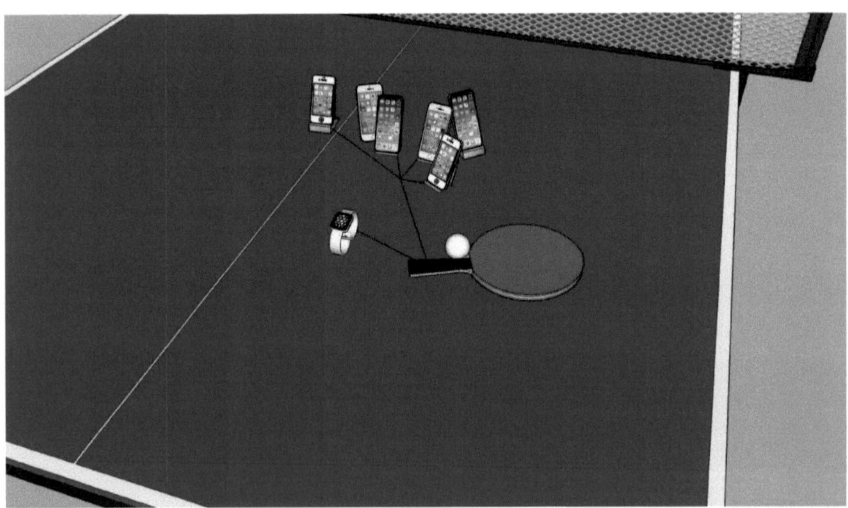

Figure 9, - la figure montre également le modèle

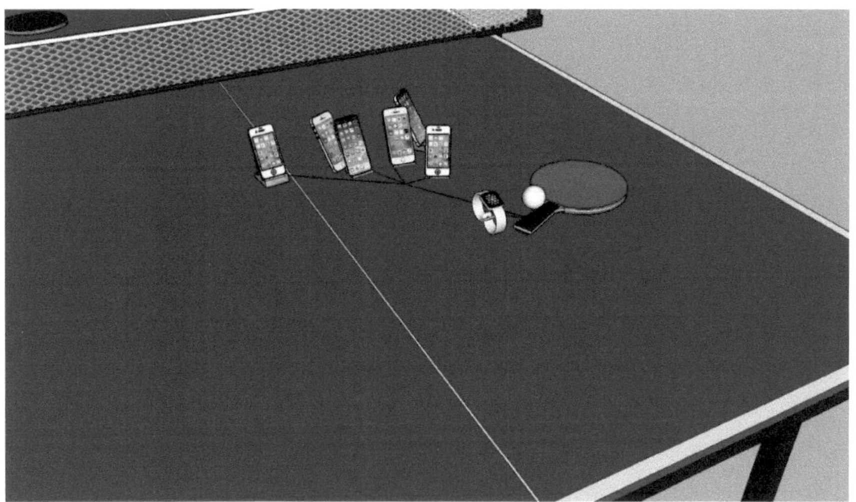

Figure 10, - la figure montre également le modèle

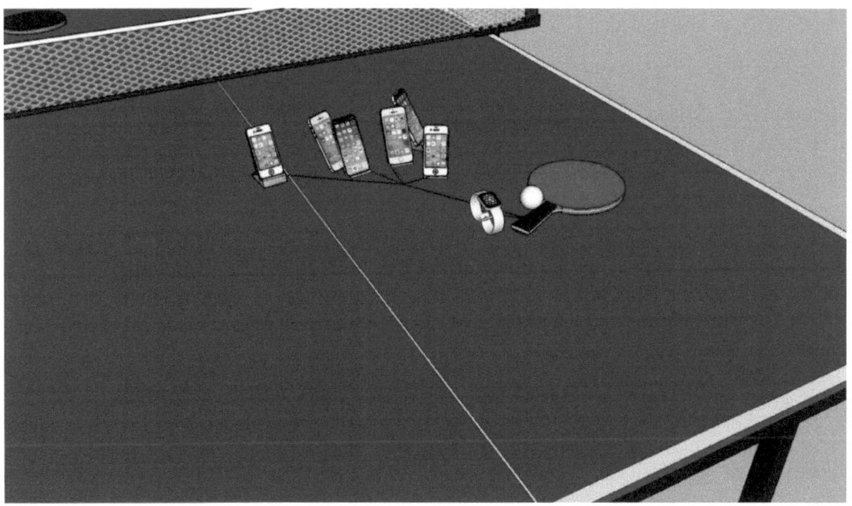

Figure 11, - la figure montre également le modèle

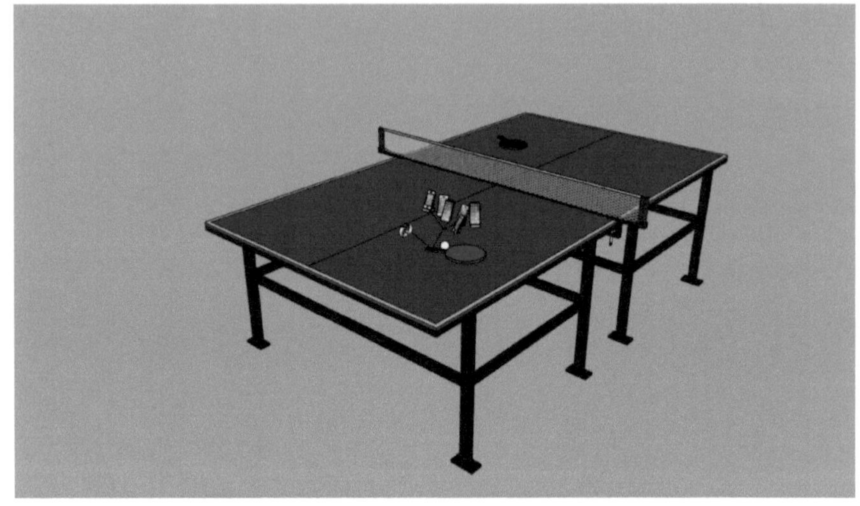

Figure 12, - la figure montre également le modèle

Ceux qui considèrent le tennis de table comme un sport facile se trompent. Bien que, semble-t-il, deux personnes se tiennent debout et se lancent une balle. Eh bien, qu'est-ce qui peut être difficile ici? Seuls ceux qui n'ont jamais joué au tennis de table le pensent.

En fait, le "ping-pong" développe beaucoup de qualités non seulement physiques, mais aussi morales et volontaires. C'est la force, la dextérité, la vitesse de réaction et la capacité de prédire, de prévoir la situation à la table de jeu. Le tennis développe également la motricité fine. Mais considérons tout dans l'ordre.

Dans un sport comme le tennis de table, la force n'est pas développée au sens direct du terme. Bien sûr, en jouant au tennis, les muscles des bras ne seront pas les mêmes que ceux des bodybuilders. Mais les muscles, sans aucun doute, deviennent plus proéminents, car l'articulation de l'épaule, les biceps et les triceps, ainsi que les muscles des mains, fonctionnent.

Ici, la force fait référence à la force de mouvement de la main. Lorsqu'il devient nécessaire d'attaquer brusquement un adversaire, de le surprendre à la table, les coups portés au ballon doivent être puissants et forts, c'est-à-dire tels que l'adversaire ne puisse pas y réagir à temps. Ajoutez à cela le travail des muscles des jambes, qui sont constamment en mouvement et en tension.

Quant à la dextérité et à la rapidité de réaction, le tennis de table développe parfaitement ces qualités. En effet, avec un bon jeu, la balle vole très vite donc, pour ne pas perdre de points, il faut agir avec toute la dextérité et la rapidité dont le joueur est capable.

Habituellement, la situation à la table évolue instantanément, il est donc également nécessaire d'avoir une certaine capacité à anticiper l'avenir. Et, littéralement en une fraction de seconde, pour prédire l'action de l'adversaire, devancer la direction du vol du ballon et la force d'impact, démêler le plan d'action et tromper, ce qui signifie battre.

Une charge très importante dans ce jeu tombe sur les pieds des joueurs. Les jambes font un excellent travail pour déplacer l'athlète autour de la table, leur travail est un facteur important dans le jeu et dans l'obtention de la victoire souhaitée. Il n'est donc pas surprenant que les muscles des jambes des joueurs de tennis soient très bien entraînés, ce qui peut améliorer considérablement les performances dans d'autres sports, comme la course à pied. Cela signifie que le tennis de table peut être inclus dans le système d'entraînement de certains athlètes d'autres sports.

Et bien sûr, le tennis de table apporte un énorme effet curatif sur les systèmes cardiovasculaire et respiratoire. Après tout, en se déplaçant d'un bord de la table à l'autre, les muscles du cœur reçoivent une charge comparable à la course sur un terrain accidenté. Et plus le cœur est entraîné, plus le risque de maladie cardiaque est faible.

Le système respiratoire avec un jeu intensif peut également se développer et avoir un effet très bénéfique. Il y a une ventilation constante des poumons, leur travail s'améliore et s'entraîne.

Il est impossible d'ignorer l'effet positif des cours sur le système visuel humain. Surtout, ce sport est utile pour ceux qui passent beaucoup de temps devant l'ordinateur. Les yeux sont constamment surmenés et fatigués. Lorsque vous jouez au tennis, les muscles oculaires sont entraînés, car les yeux doivent suivre le mouvement rapide de la balle, ainsi que le temps de réagir et, en même temps, d'observer les actions de l'adversaire.

Eh bien, sans aucun doute, le "ping-pong" a un grand effet sur la coordination des mouvements, car vous devez avoir le temps de frapper la balle volante, et pour cela, vous ne pouvez tout simplement pas vous passer de mouvements précis et coordonnés de tout le corps.

Le tennis de table développe non seulement des qualités personnelles, mais aussi commerciales dans le caractère d'une personne.

Le tennis de table est également utile pour les personnes qui se plaignent des systèmes cardiovasculaire et respiratoire. L'effet curatif, qui a un effet positif sur ces systèmes du corps, a été prouvé lors de la conduite de leçons uniques avec la catégorie de patients considérée selon la méthode de mon auteur.

Voyons quel est le sens. Pendant le jeu, lorsque le joueur se déplace d'un bord de la table à l'autre, les muscles cardiaques sont chargés, comparable à la charge pendant la course. Les avantages de l'entraînement cardiaque sont les suivants : mieux vous entraînez le muscle cardiaque, plus le risque de maladies du système cardiovasculaire, y compris l'apparition de crises cardiaques, est faible. Ce problème est très pertinent dans les conditions actuelles, puisque ce sont les maladies cardiovasculaires qui occupent la première place parmi les causes de décès de la population.

Quels bienfaits le tennis de table a-t-il sur le système respiratoire du corps ?Grâce aux mouvements respiratoires, une ventilation constante des poumons se produit, dont un indicateur est le volume minute de respiration (MOD) - la quantité d'air traversant les poumons en 1 minute. Au repos, la MOD est de 5 à 8 litres, et pendant l'exercice elle augmente et atteint 150 à 180 litres. Habituellement au repos, une personne consomme 200 à 300 ml d'oxygène par minute. En jouant au tennis, la consommation d'oxygène monte à 2-3 l/min. Et c'est naturel. Le travail musculaire est impensable sans une augmentation des échanges gazeux, car l'énergie est tirée du processus d'oxydation des substances organiques. Même avec un petit effort physique, les changements de respiration sont clairement exprimés. Avec des travaux légers, l'échange de gaz augmente de 2 à 3 fois, avec des travaux lourds - de 20 à 30 fois. Un non-athlète fait 14√18 respirations par minute. Lorsque vous jouez au tennis, ce chiffre peut être de 30 à 40. Avec une activité physique importante, la ventilation pulmonaire augmente, entraînant une augmentation de la pénétration de l'oxygène dans le sang. Dans le même temps, plus d'oxygène est utilisé à partir de chaque litre d'air inhalé (4-6%) qu'au repos (3-4%). À mesure que la charge augmente, le débit sanguin augmente également. Ainsi, au repos, 4 à 5 litres de sang traversent le cœur en 1 minute. Mais en jouant au tennis, il est capable de pomper jusqu'à 35 litres de sang par minute. La fréquence cardiaque (FC) a également une grande influence sur la circulation sanguine. Au repos, la fréquence cardiaque varie de 50 à 80 battements/min, avec une charge elle augmente sensiblement. Ainsi, pour les joueurs de tennis, pendant l'échauffement, la fréquence cardiaque est de 120-140 battements / min, après avoir servi avec accès au filet et un court tirage d'un point - 150-170 battements / min, après l'exercice "huit" sur la ligne arrière - 172-190 battements / min. Les exemples donnés montrent que la charge des joueurs-athlètes de tennis lors des compétitions et des entraînements est assez importante. Elle s'accompagne d'un pouls élevé.

De plus, le caractère unique du tennis de table réside dans le fait que le système visuel humain s'améliore également. Et cela est particulièrement vrai pour ceux qui passent beaucoup de temps devant l'ordinateur, par exemple les informaticiens. À la suite d'un travail régulier à l'ordinateur, ils sont constamment surmenés et fatigués. Lorsque vous utilisez la méthode de mon auteur pour jouer au tennis de table, les muscles oculaires sont entraînés. Considérons le processus plus en détail. Pendant le jeu, les yeux doivent suivre le mouvement rapide du ballon, ainsi que réagir et en même temps observer l'action de l'adversaire. C'est-à-dire que les muscles oculaires doivent être concentrés sur plusieurs points différents. Et selon la technologie de mon auteur pour leur entraînement, lors de l'échauffement, je démontre une figure si unique de toucher le ballon, dans laquelle l'adversaire doit renvoyer le ballon.

Le tennis de table a également un impact positif sur les affaires, et plus particulièrement sur les hommes d'affaires et les entrepreneurs qui se retrouvent régulièrement dans des situations où ils doivent prendre des décisions presque instantanément. Le tennis est un sport très rapide, la situation peut changer littéralement en une fraction de seconde. Par conséquent, ici, vous devez être en mesure de prendre les bonnes décisions, presque sans hésitation. Les hommes d'affaires qui ont un passe-temps comme le tennis de table ont certains avantages.

Le développement de la volonté pour remporter une victoire tant attendue fait partie intégrante du caractère de tous les grands "magnats des affaires". Ils ont également besoin de la capacité de ne jamais abandonner, puis de se fixer de plus en plus d'objectifs sur la voie des sommets futurs. Donc au tennis de table, même s'il ne s'agit pas de compétition et d'entraînement, mais juste de passer du temps entre amis ou en famille, l'envie de gagner est une des qualités importantes d'un joueur.

Nous notons également certains des avantages que les hommes d'affaires ont l'habitude de jouer au tennis de table en utilisant la technologie de mon auteur. Premièrement, au cours de l'attente de la victoire, la volonté se développe, y compris des traits de caractère tels que la persévérance et la persévérance. Ces qualités sont importantes et fondamentales pendant la période d'entraînement, ainsi que pendant la période d'obtention du résultat souhaité, à savoir la victoire. Le tennis de table vous apprend à ne jamais abandonner et à vous fixer de plus en plus d'objectifs pour conquérir les sommets chéris.

Une caractéristique distinctive du tennis de table est une amélioration significative du fonctionnement des systèmes sensoriels à mesure que la condition physique de l'athlète augmente. Cela est dû au besoin, au cours de la lutte, d'obtenir et de traiter efficacement une grande quantité d'informations sur l'évolution rapide de l'état de l'athlète lui-même et de la situation de jeu. Tout d'abord, les joueurs de tennis améliorent leur analyseur visuel, par lequel environ 80% des informations entrent. Les athlètes augmentent la vitesse de traitement de l'information lors d'une réaction motrice simple et complexe, améliorent la capacité d'évaluer la profondeur du visible et élargissent également le champ de vision. Des changements positifs sont notés dans le fonctionnement des autres analyseurs. Des changements particulièrement importants sont associés à l'activité de l'appareil vestibulaire. Mouvements rapides d'un athlète dans l'espace, les virages serrés et les bosses irritent presque continuellement les récepteurs du système sensoriel. Avec sa stabilité insuffisante, des problèmes se posent avec la précision des actions motrices de l'athlète, ce qui oblige à mobiliser la ressource interne du système. Dans le processus de perfectionnement sportif, les joueurs de tennis développent des sensations spécifiques : un « sens de la distance », un « sens de la balle », etc. apparaissent. Ces sensations sont particulièrement aiguës chez les athlètes en bonne forme et s'estompent ou ne se forment pas avec un entraînement insuffisant ou un surentraînement. Ce phénomène est associé à la fatigue, il s'agit d'une diminution temporaire des performances causée par une activité intense ou prolongée. Elle se manifeste principalement par la détérioration de la précision des actions motrices,

L'efficacité de l'obtention et du traitement des informations par un joueur de tennis est associée à un certain nombre d'indicateurs psychophysiologiques, tels que la vitesse de la pensée opérationnelle, la répartition de l'attention. En général, le tennis de table (jeu de sports d'équipe personnelle) appartient au groupe des sports de situation (non standard) (le jeu, les actions des athlètes sont déterminées en fonction des actions de l'adversaire). Dans le même temps, les actions de l'athlète peuvent être stéréotypées (frappes vitesse-puissance, etc.). Cela prédétermine la probabilité d'utiliser des répétitions de situations, de moments de jeu et de techniques. Cependant, la base est la réponse à l'évolution des situations et des conditions.

Extrapolation, c'est-à-dire une sorte de prévoyance, anticipation des événements à venir sur la base d'informations quotidiennes ou spéciales déjà en mémoire, est le mécanisme le plus important pour le fonctionnement du système nerveux d'un joueur de tennis de table.

Son développement insuffisant limite l'efficacité de l'activité ludique, notamment en cas de réaction motrice situationnelle. La programmation de réactions adéquates nécessitant anticipation et extrapolation est entravée par une automatisation insuffisante des mouvements, surtout lorsqu'ils sont très complexes, et peut s'aggraver sous l'influence de stimuli déroutants. Cependant, il convient de garder à l'esprit que l'influence des stimuli déroutants est considérablement affaiblie lors des passages répetés des mêmes situations. L'extrapolation permet à un joueur de tennis de résoudre efficacement des situations très complexes qui surviennent dans un environnement de lutte en évolution rapide. La capacité d'extrapolation dépend dans une large mesure de son expérience sportive. D'habitude, les joueurs plus habiles sont plus susceptibles de prédire la nature de l'action de l'adversaire et de trouver les méthodes tactiques et techniques nécessaires pour les contrer. Bien que la capacité d'extrapolation dans un pourcentage élevé de cas soit déterminée par des facteurs génétiques, il est indéniable que l'extrapolation est amenée par la formation. Plus la gamme d'actions tactiques et de techniques auxquelles un joueur de tennis doit faire face à l'entraînement est élevée, plus il est susceptible de les contrer efficacement. Au contraire, dans les conditions d'une formation standardisée et programmée de manière rigide, l'extrapolation ne se développe pas. La principale caractéristique du tennis de table est sa grande émotivité. Même dans les conditions d'un entraînement ordinaire répété des centaines de fois, l'entrée dans le jeu active tôt ou tard tout l'appareil de la réponse émotionnelle de l'athlète. Et au cours de la compétition, les changements émotionnels chez les athlètes se rapprochent suffisamment d'une réaction de stress typique. L'émotivité augmente considérablement la sévérité des réactions végétatives de l'athlète à la charge motrice. L'exemple des matches des Championnats du monde et d'Europe, auxquels participent des dizaines de pays et des centaines d'athlètes, témoigne du type de concurrence lors des compétitions. L'intensité de la lutte dans les jeux joués peut être jugée par le score, par exemple : 10:9, 10:12 ou 12:14 ; par situations de jeu et égalité des points dans les situations critiques et fins de jeu : 7:7, 8:8, 9:9. Les fins de parties sont particulièrement tendues, lorsqu'un joueur de tennis perd un ou deux points et s'efforce de gagner. Cela demande du courage, de l'endurance et de la confiance en soi. Le score dans le jeu est sans aucun doute l'un des indicateurs de l'intensité de la lutte, mais pas le seul. Le succès de l'activité sportive d'un joueur de tennis de table dépend des propriétés du système nerveux et du tempérament, qui interviennent dans la formation des traits de personnalité. Une combinaison spécifique de traits de personnalité détermine son individualité. Les données de recherche accumulées à ce jour avec un degré de fiabilité suffisant permettent d'identifier les traits de personnalité et leur corrélation qui caractérisent un athlète hautement qualifié.

Parmi les propriétés distinctives d'un joueur de tennis de table figurent une stabilité émotionnelle accrue, la fermeté de caractère, la confiance en soi, l'indépendance dans l'évaluation des situations difficiles, la réduction de l'anxiété, la capacité de maîtrise de soi, la persévérance dans la réalisation des objectifs, l'initiative et le courage, la recherche du leadership .

Parmi les corrélations des traits de personnalité, les plus significatives sont :

- la prédominance dans la structure de motivation des motivations morales, sociales sur les aspirations de nature personnelle ;
- la prédominance des qualités volitives qui mobilisent un athlète pour surmonter les difficultés, sur l'anxiété et le doute de soi ;
- la prédominance de la stabilité mentale et de la maîtrise de soi sur l'excitabilité émotionnelle.

Les psychologues ont établi que les motivations de l'athlète jouent un rôle particulièrement important dans l'obtention de résultats élevés. Parmi les motifs qui affectent le succès de l'activité, il y a:

- physiologique,
- Psychologique
- social.

Dans le même temps, il a été révélé que plus la signification sociale des motifs est élevée, plus le résultat de l'activité peut être couronné de succès.

Le tennis de table demande aussi de l'ingéniosité. Pendant le jeu, vous devez être habilement rusé et, à l'aide d'astuces et de feintes trompeuses, être capable de confondre habilement votre adversaire. Cela doit être enseigné. Il est nécessaire de former toutes les qualités ci-dessus non seulement à la table de jeu, mais aussi dans la vie de tous les jours.

Le tennis de table n'a pas d'âge limite.

La meilleure partie du tennis de table est qu'il peut être joué par tous les âges. Que vous ayez 6 ou 60 ans, peu importe, car il n'est jamais trop tard pour apprendre à jouer au tennis.

Ainsi, dans l'un des magazines occidentaux, on a parlé du joueur de tennis chinois de 108 ans, Pak Sunchen. Il a commencé à jouer au tennis il y a 29 ans, mais depuis lors, on peut le voir tous les jours avec une raquette à la main au centre de tennis Shamian de Pékin... Il est conseillé aux personnes d'âge moyen et âgées d'utiliser le tennis pour maintenir leur santé, leurs performances et bons esprits. Mais vous ne devriez pas vous efforcer d'atteindre les plus hautes réalisations du jeu. N'oubliez pas que le tennis se caractérise par une variété de mouvements, souvent saccadés, des secousses, des troubles du rythme. Et tout cela peut être traumatisant pour les personnes dont les tissus n'ont pas déjà l'élasticité juvénile. Dès lors, il est conseillé de refuser les compétitions à partir de 50 ans, et à partir de 60 ans de ne participer qu'aux doubles. Le tennis est aussi remarquable car que chacun puisse jouer et se déplacer sur le terrain avec une intensité adaptée à son état de santé et à sa forme physique. Après tout, l'activité physique au tennis a un caractère d'intervalle. Son intensité est réduite en raison des nombreuses pauses dans le jeu. Ces pauses interviennent à la fin de l'échange de chaque balle (récupération des balles après l'échange, changement de côté lorsque l'athlète passe, transitions lors du service et de la réception, etc.) Elles sont importantes pour restaurer la respiration "perdue". Lorsque vous jouez à quatre joueurs, ce répit augmente. Les acteurs du tennis, par leur expérience et leur exemple, sont convaincus des effets bénéfiques du tennis sur la santé. Ces pauses interviennent à la fin de l'échange de chaque balle (récupération des balles après l'échange, changement de côté lorsque l'athlète passe, transitions lors du service et de la réception, etc.) Elles sont importantes pour restaurer la respiration "perdue". Lorsque vous jouez à quatre joueurs, ce répit augmente. Les acteurs du tennis, par leur expérience et leur exemple, sont convaincus des effets bénéfiques du tennis sur la santé. Ces pauses interviennent à la fin de l'échange de chaque balle (récupération des balles après l'échange, changement de côté lorsque l'athlète passe, transitions lors du service et de la réception, etc.) Elles sont importantes pour restaurer la respiration "perdue". Lorsque vous jouez à quatre joueurs, ce répit augmente. Les acteurs du tennis, par leur expérience et leur exemple, sont convaincus des effets bénéfiques du tennis sur la santé.

Toute technologie a ses propres lois. L'une des lois de la technologie du tennis de table est la nécessité de respecter certaines techniques. La technique est le chemin le plus court pour obtenir des résultats. Bien sûr, il existe des écarts plus ou moins dus aux caractéristiques physiologiques d'une personne, mais en général, la technique d'exécution est la même. Une fois qu'une mauvaise technique a été mémorisée dans l'automatisme, elle interfère avec le développement d'une nouvelle technique correcte. L'exclusion des exercices d'une de ses phases viole toute la technologie du processus dans son ensemble.

Une idée holistique, claire et correcte chez une personne sur les techniques et les actions apprises et leur démonstration exemplaire vous permet de maîtriser rapidement la technique d'exécution des exercices. Une augmentation progressive de la charge dans le processus d'apprentissage est obtenue par sa conformité avec le niveau de l'état du corps et l'accessibilité pour les étudiants. La condition pour assurer la force est atteinte par la répétition répétée d'exercices dans diverses combinaisons, ainsi que par un contrôle systématique des résultats obtenus.

La plupart du temps, l'entraînement au tennis de table est occupé par des exercices pratiques, c'est-à-dire la pratique de certains mouvements avec une raquette. Il est obligatoire de connaître les astuces et les règles du jeu.

La technologie et la séquence d'enseignement des techniques de tennis de table suivantes sont recommandées :

- se familiariser avec l'histoire du développement;
- Se familiariser avec l'équipement, l'inventaire;
- donner le concept de terminologie;
- se familiariser avec les règles de base du jeu ;
- prendre connaissance de l'organisation et du déroulement des compétitions ;
- s'impliquer dans l'enseignement et la pratique judiciaire ;
- enseigner la technique du jeu.

La technique du jeu comprend les techniques suivantes :

- saisir,
- Couper,
- Rouler vers l'avant (rouler à gauche, rouler à droite)
- Manches
- top spin (top spin à droite, top spin à gauche)
- Supporter
- taille
- "bougie"
- position de tennis

ÉTAGÈRE

Les racks de jeu doivent être divisés en racks (positions) pour effectuer diverses frappes et un rack pour recevoir les services de l'adversaire.

Considérez la réception et les questions générales sur la réception.

Tout d'abord, la réception doit fournir, à la fois physiquement et en termes d'attention, le départ le plus rapide possible dans toutes les directions - gauche, droite, avant, arrière. La position est la position de préparation la plus élevée. Dans tous les cas de préparation, les jambes sont espacées à la largeur des épaules ou légèrement plus larges que les épaules, légèrement fléchies au niveau des genoux, les talons sont arrachés du sol.

C'est écrit dans tous les manuels.

Mais qu'est-ce que cela signifie exactement - "légèrement plié aux genoux" ?

En pratique, cet angle de flexion peut être déterminé de la manière suivante : essayez de faire quelques swings élastiques, puis restez en position basse de ce swing. C'est cette position qui sera la plus adaptée : tant pour recevoir des manches que pour effectuer des frappes individuelles. Que signifie exactement "talons sur le sol" ? Cela signifie à la fois la position et le mouvement sur l'avant du pied (pas sur les orteils - ce n'est pas du ballet !). Si nous comparons nos mouvements professionnels avec le départ d'un sprinteur, nous nous souvenons immédiatement que les sprinteurs soulèvent même artificiellement leurs talons du sol au départ et poussent avec l'avant du pied en raison des blocs de départ.

Le poids du corps avec la position correcte est réparti uniformément sur les deux jambes et le centre de gravité du corps est situé sur une ligne droite passant par l'avant du pied des deux jambes. D'autres positions du centre de gravité du corps ne permettent pas un démarrage ultra-rapide. Limitez la capacité à déplacer un torse fort vers l'avant, les jambes redressées et tendues.

La distance entre le joueur et la table à la réception correspond approximativement à la longueur d'un bras tendu avec une raquette. Si l'athlète accepte avec succès le service de la gauche et de la droite, il est situé à la réception en face du milieu de la table, face à la table, et les deux pieds sont presque parallèles et regardent vers l'avant. Si l'athlète préfère jouer à droite lors de la réception du service, il se positionne légèrement à gauche du milieu de la table et dans la bonne position (au moins les pieds).

La bonne position (ou position de départ pour effectuer tous les types de frappes à droite) se caractérise par le fait que les pieds (surtout le droit) sont tournés vers la droite. Cela permet à l'épaule droite de basculer vers l'arrière. Remarque : pour un virage, l'épaule droite et la partie droite du corps sont rétractées, et non la gauche vers l'avant, bien que vous puissiez vous mettre en position gauche dans les deux sens décrits.

La position gauche (ou position de départ pour tous les types de revers) est décrite dans la plupart des manuels comme la position opposée à la droite, avec le pied droit et l'épaule droite devant le pied gauche et l'épaule gauche. L'augmentation des vitesses de jeu et l'amélioration du matériau de la raquette nécessitent et permettent d'effectuer tous les revers dans une position face à la table. Après tout, c'est précisément ce qui donne un gain de temps et permet de masquer la direction du vol de la balle, donne un attrait particulier au jeu à gauche.

Différentes postures sont associées aux caractéristiques individuelles et techniques de l'athlète. Par conséquent, bien que les principes du support de table soient discutés ci-dessus, chaque athlète est caractérisé par le sien, uniquement inhérent au support de table.

De nombreux athlètes de premier plan enjambent à peine leurs pieds lorsqu'ils reçoivent le service, comme s'ils balançaient le centre de gravité. Un tel enjambement assure un départ rapide, et un départ rapide est toujours plus rapide qu'un départ arrêté (comparez avec les mêmes sprinteurs dans le relais - la vitesse de ceux qui partent tout de suite sur les 2e, 3e, etc. étapes est toujours plus grande que de celui qui part d'une place dans la première étape).

La position est libre et l'attention est tendue.

saisir

La prise correcte (méthode de maintien) de la raquette détermine en grande partie l'exécution correcte des coups au tennis de table, et le choix du type de prise détermine en grande partie le choix du style de jeu. La prise doit offrir une liberté et un mouvement naturel de l'ensemble du bras lors de l'exécution des frappes. Dans le tennis de table moderne, on distingue deux types de prise fondamentalement différents - «européen» et «asiatique».

Prise en main européenne

Le nom même de cette poignée parle de sa popularité exceptionnelle parmi les athlètes européens. Dans les années 60 - 70, face à la nécessité de se préparer aux rencontres avec les meilleurs athlètes européens, les dirigeants des fédérations de tennis de table de plusieurs pays asiatiques ont commencé à diffuser intensivement la manière européenne de tenir une raquette parmi les athlètes de leurs pays. Beaucoup de ces athlètes ont obtenu des résultats exceptionnels lors des championnats du monde, des tournois asiatiques et internationaux, et maintenant, dans les pays asiatiques, cette méthode a reçu tous les droits de citoyenneté et se développe parallèlement à la poignée de stylo traditionnelle asiatique. Le terme « prise européenne » est devenu aujourd'hui plus historique et géographique, il n'exprime plus du tout l'essence de cette manière de tenir une raquette. Cependant, ce terme est traditionnel et est utilisé partout. Exprime beaucoup plus clairement l'essence de la méthode décrite de tenue de la raquette, un autre terme -

«prise horizontale». La raquette à prise horizontale est placée dans la paume, comme la main d'un camarade qui se serre la main. Le bord de la raquette est dirigé dans l'évidement entre le pouce et l'index. Le pouce se trouve le long du bord du coussinet en caoutchouc d'un côté du plan de la raquette, l'index se trouve le long du bord de l'autre côté de la raquette. Le majeur, l'annulaire et l'auriculaire s'enroulent et soutiennent facilement la raquette par le manche sans la serrer. La raquette est en position horizontale. Avec la bonne position dans la main, la raquette est sa continuation et il sera aussi facile et naturel d'agir avec la raquette dans le jeu que si le coup était porté par la main elle-même. Cette position de la raquette dans la main (extension de la main) est particulièrement importante car seule la circonférence du plan de la raquette avec le pouce et l'index ne garantit pas encore les possibilités universelles de la prise horizontale. Un léger tour de raquette dans la main ou une flexion du poignet dans un sens ou dans un autre fait sortir la raquette du plan de l'avant-bras et rend les mouvements peu naturels, complexes, limités en amplitude. De tels écarts sont, à mon avis, de graves erreurs techniques et limitent les capacités de jeu de l'athlète à l'avenir. Les coussinets des phalanges terminales du pouce et de l'index sont sensibles. Ceci est facile à vérifier à partir de l'expérience quotidienne - si vous voulez ressentir quelque chose pour l'épaisseur, la douceur, la pilosité, etc., nous utilisons d'abord les phalanges terminales du pouce et de l'index. Leur activité dans la préhension, et donc dans l'exécution des coups, détermine en grande partie les spécificités de la prise, de la technique, du style. La participation active de la boule du pouce contribue à une sensation plus fine, à un "sens de balle" plus fin lors de l'exécution des revers. La participation active du coussinet de la phalange terminale de l'index contribue à une sensation plus subtile, une "sensation de balle" plus subtile lors de l'exécution de frappes de la droite. Seule une poignée, dans laquelle les surfaces du plan de jeu de la raquette touchent les coussinets des phalanges terminales du pouce et de l'index, vous permet d'exécuter avec précision les techniques techniques du jeu à gauche et à droite. Les expériences les plus simples confirment l'importance des sensations tactiles subtiles lors de l'exécution des coups. Il vaut la peine de mettre des dés métalliques ordinaires sur les phalanges terminales du pouce et de l'index, car la précision et la confiance dans le jeu chutent même chez les athlètes assez qualifiés.

Soumissions :

1. Service direct, servir légèrement incliné : dans le premier cas, la balle ne tourne pas, dans le second cas elle tourne ;

2. Pendule - la main décrit un demi-cercle, descend d'abord - sur le côté, puis monte - sur le côté. La position du joueur dépend du fait que la frappe soit effectuée avec le côté ouvert ou fermé de la raquette. Dans un cas il sera droitier, dans l'autre gaucher ;

3. Fan - la main décrit un demi-cercle, dirigé par le côté convexe vers le haut. La balle est frappée dans la partie sortante de la trajectoire, au point haut ou à la fin du mouvement. Cela détermine la rotation du haut, du côté ou du bas.

Coups de balle :

1. Stand - la raquette est simplement remplacée par la balle et, après avoir volé, elle semble rebondir elle-même.

Mouvement défensif passif. Dans ce coup, la balle ne reçoit ni effet ni vitesse. Mais il est exécuté, en règle générale, à partir d'un demi-vol, et cela seul laisse peu de temps à l'ennemi pour une nouvelle attaque. Il est effectué sans une avancée sérieuse de la raquette vers l'avant, sans un swing et un virage important du pinceau (et, par conséquent, de la raquette). La réserve d'énergie donnée au ballon par l'impact de l'adversaire est utilisée. L'angle d'inclinaison de la raquette vers l'avant est sélectionné de manière empirique séparément pour chaque type de rotation - séparément pour recevoir des roulements, séparément pour recevoir des top spins, séparément pour recevoir des frappes effectuant des frappes à droite et à gauche avec un support.

2. Roll-on est un coup dans lequel la raquette est inclinée vers l'avant du joueur et, comme si elle caressait la balle d'en haut, la fait tourner pendant le vol. Le rebond d'un tel coup est élevé et net.

Roulement court - le contact de la balle avec la raquette se produit au-dessus de la table, il arrive qu'elle soit très proche du filet. Le mouvement de la main doit être très rapide. La frappe est généralement effectuée au décollage, ce roulis est souvent appelé rapide.

Le long roulement est un type de coup droit dans lequel le contact entre la balle et la raquette se produit relativement loin du bord arrière de la table.

3. Une "bougie" est un tir sur une balle qui a rebondi bien au-dessus du filet. Le ballon bat au plus haut point de décollage. En pratique, une telle boule n'est pas réfléchie.

4. Une coupe est un coup qui donne un spin bas à la balle. Sa trajectoire de vol est basse ici.

Cette réception extérieurement modeste de la technologie affecte grandement le déroulement du jeu. Cela vous permet de réduire la possibilité d'attaquer l'ennemi et même de "désactiver" complètement l'attaque de l'adversaire.

Le débutant et les champions du monde utilisent ce coup. Et cela dépend souvent de la qualité de la coupe (couper la coupe, "swing") si l'adversaire pourra agir librement à la table. Il est préférable de frapper la balle le plus tôt possible, de préférence à mi-vol ou même plus tôt, pour ainsi dire, pour littéralement "racler" la balle dès qu'elle touche la surface de la table. Il est nécessaire d'envoyer la balle le plus longtemps possible, il est souhaitable que la balle, après avoir rebondi du côté de l'adversaire, s'envole de la table, éloignant ainsi l'adversaire de la table. Les coups sont exécutés, comme dans le dégagement habituel, en raison du balancement actif et de l'extension du bras dans l'articulation du coude avec l'avant-bras, mais le coup est porté sur la partie inférieure de la balle, la raquette passe complètement sous la balle. Si vous suivez toutes ces recommandations, vous pouvez assurer une forte rotation à la baisse.

5. Top spin - signifie le top "high" spin. La balle, qui a reçu une rotation supérieure super forte, a une trajectoire de vol plus incurvée, vole plus lentement, mais lors de l'interaction avec la table et la raquette, elle a un rebond rapide et inattendu, il est plus facile de la contrôler et de frapper le désiré point sur la table de manière plus fiable.

6. Undercut - utilisé pour dévier les coups puissants de l'adversaire : courses, top spins, coups de finition et coups effectués à des distances moyennes et éloignées de la table.

COUPE À DROITE

Avant l'impact, l'athlète prend une position tournée vers la droite, le pied droit regarde la pointe vers la droite, le pied du pied gauche est légèrement tourné vers la droite. Les épaules sont également déployées : l'épaule droite est réservée au balancement vers la droite, vers l'arrière et vers le haut ; l'épaule droite avant le coup est légèrement plus haute que la gauche. Au moment de l'impact, l'angle entre l'épaule et le corps est de 35 degrés, l'angle du bras dans l'articulation du coude est aigu.

Le swing est effectué principalement avec l'avant-bras vers le haut en raison de la flexion du bras au niveau du coude, le nez de la raquette est relevé. En général, l'avant-bras dans ce coup joue le rôle d'un mécanisme de percussion, le mouvement accéléré de l'avant-bras, effectué en raison de l'extension vigoureuse du bras au niveau du coude, ressemble à un coup de marteau sur une tête de clou.

Le coude est abaissé, mais pas pressé contre le corps.

Pendant le coup, la main fait tourner (ne se retourne pas !) la raquette d'une position où la raquette est inclinée vers l'arrière jusqu'à une position presque horizontale, frappant la moitié inférieure du dos et le bas de la balle.

L'épaule se déplace vers l'avant à partir de la position arrière et assure le mouvement vers l'avant de la raquette.

Le torse transfère le centre de gravité du corps de la jambe droite vers la gauche, permettant ainsi un mouvement supplémentaire vers l'avant de la raquette et augmentant l'accélération. L'épaule droite à la fin du coup est devant et en dessous de la gauche.

Pour qu'un undercut droit devienne désagréable pour l'adversaire, rapide, tranchant, obligeant à jouer passivement, deux conditions doivent être remplies : la première est d'exécuter le coup strictement devant le corps de l'athlète, la seconde est de combiner l'accélération de l'avant-bras et le transfert du centre de gravité du corps.

La séquence d'entrée des différentes parties du bras et du torse dans le coup est la même: main, puis avant-bras, épaule, torse.

Si au moment où la balle et la raquette entrent en contact, l'angle entre l'épaule droite et le corps est inférieur à 30 degrés, alors l'athlète est trop près de la balle et il est nécessaire de « se déplacer » vers la gauche. Si au moment où la balle et la raquette entrent en contact, l'angle entre l'épaule droite et le corps est supérieur à 60 degrés, ou l'angle du bras dans l'articulation du coude est obtus, cela signifie que l'athlète est trop loin de la balle et il faut se déplacer vers la droite, se rapprocher du ballon.

COUPE GAUCHE

Avant la frappe, l'athlète prend position face à la table. Le pied de la jambe gauche est légèrement tourné vers la gauche. L'épaule droite est légèrement plus haute que la gauche.

L'épaule droite est dans une position détendue, touchant presque le corps. L'absence de tension au niveau de l'épaule est facile à vérifier : si l'avant-bras est écarté du corps avec le coude en avant, cela signifie qu'il est tendu.

Au moment de l'impact, l'angle de courbure de l'articulation du coude est aigu. Le swing obligatoire s'effectue principalement avec l'avant-bras, vers le haut, en pliant le bras au niveau du coude, le nez de la raquette est relevé lors du balancement vers le haut.

Lors de la frappe, il y a une extension intensive du bras dans l'articulation du coude et la poursuite du mouvement de la main dans la direction de l'impact pour donner à la balle une vitesse et une rotation maximales.

L'avant-bras joue également le rôle d'un mécanisme de percussion dans cette frappe, le mouvement accéléré de l'avant-bras donne à la balle vitesse et caractère offensif.

La main, lors du contact entre la balle et la raquette, fait tourner (ne se retourne pas !) la raquette de la position où elle est inclinée vers l'arrière à une position presque horizontale, frappant la moitié inférieure du dos et le bas de la balle.

L'épaule se déplace vers l'avant à partir de la position arrière et assure le mouvement vers l'avant de la raquette.

Le torse transfère le centre de gravité du corps de la jambe arrière (généralement gauche) à l'avant (généralement droite) - faites particulièrement attention à cela, fournissant ainsi un avancement supplémentaire de la raquette vers l'avant, augmentant l'accélération.

L'épaule droite à la fin du coup est devant et en dessous de la gauche.

L'undercut gauche est désagréable pour l'adversaire, rapide, tranchant, dans les conditions suivantes : premièrement, le coup est effectué directement devant le joueur (comme les enfants ont dû l'expliquer, juste devant l'emblème sur la poitrine), et cela nécessite un jeu de jambes sérieux. prendre position directement derrière le ballon à chaque coup, y compris lors de la réflexion de coups obliques vers la gauche ; la seconde est de combiner dans le temps l'accélération de l'avant-bras (extension vigoureuse du bras au niveau du coude) et le transfert du centre de gravité du corps.

La séquence d'entrée des différentes parties du bras et du corps dans le coup est la même: main, avant-bras, épaule, torse. Si au moment où la balle et la raquette entrent en contact, la balle est à gauche de l'athlète et - l'athlète tend son bras pour dévier le coup, cela signifie que l'athlète doit se déplacer vers la gauche.

Si, au moment où la balle et la raquette entrent en contact, l'athlète est obligé de déplacer le coude vers la droite du corps pour parer le coup, cela signifie que l'athlète doit se déplacer vers la droite.

NEUF PRINCIPES DE FRAPPE

Il est courant d'étudier les grèves d'acteurs de premier plan dans des photographies, des films, des vidéos. Mais tous ces "grammes" ne donnent qu'une idée du schéma externe du coup, et il est impossible de montrer de nombreuses nuances de jeu extrêmement importantes sur de tels photo-, film-, vidéogrammes. Vous trouverez ci-dessous les principes de réalisation de coups qui ne sont pas visibles ou peu visibles sur l'image, mais qui déterminent en grande partie l'efficacité des coups au tennis de table.

Ces principes sont valables pour tout type de frappe offensive ou défensive. Une frappe effectuée conformément à ces principes est la plus fiable en termes de précision, est la plus dangereuse pour l'adversaire en termes de plusieurs caractéristiques - la vitesse de la balle, la force et la vitesse de rotation.

* Tout d'abord, prenez une position de choc, puis exécutez une frappe.
* Chaque frappe est effectuée devant le corps.
* Chaque coup doit être effectué au point le plus haut du rebond de la balle.
* Le mouvement de la raquette doit être dirigé vers l'avant autant que possible.
* Chaque balle doit recevoir consciemment un spin.
* Lorsque la raquette entre en contact avec la balle, ce n'est pas la vitesse absolue de la main et de la raquette qui compte, mais l'amplitude de l'accélération.
* Le poids du corps pendant la frappe doit être transféré de la jambe arrière à la jambe devant.

* Le transfert du poids du corps et l'accélération du mouvement d'impact doivent coïncider dans le temps.

* Chaque frappe doit avoir un backswing.

Il est bien sûr faux de croire que la mise en œuvre de trois ou quatre de ces principes garantit une qualité d'impact assez décente. Tous ces principes sont étroitement liés les uns aux autres. Seul le respect exact de tous ces points fondamentaux garantit la véritable possession et la maîtrise de la technologie. C'est précisément le schéma externe d'une frappe d'un athlète qui peut différer du schéma externe de la même frappe d'un autre - après tout, chacun a ses propres caractéristiques morphologiques et de vitesse.

La connaissance, la compréhension, l'assimilation des principes de base de l'exécution d'une frappe assurent la formation d'une technique de jeu individuelle et stable. Dans l'aspect technique, le jeu, justement, consiste à "ne pas donner" la possibilité à l'ennemi d'effectuer une frappe dans des conditions idéales, dans le respect de tous les grands principes, et à s'en donner au maximum la possibilité. .

PREMIER PRINCIPE

METTEZ-VOUS D'ABORD EN POSITION POUR LE POINÇON, ET SEULEMENT ENSUITE PLACEZ LE POINÇON.

Un coup, en substance, commence toujours par les pieds et non par les mains.Ce n'est en fait pas très typique des actions humaines ordinaires de la vie quotidienne et nécessite la culture d'une compétence particulière.Bien sûr, le respect exact de la première Le principe demande un jeu de jambes de très haute qualité, et techniquement irréprochable et en termes de vitesse - très rapide. La qualité de la frappe est fortement réduite si elle est effectuée en déplacement. Frapper en se déplaçant, s'efforcer d'atteindre des balles inclinées avec le bras ou le torse sont autant de violations de ce premier principe.

DEUXIÈME PRINCIPE

CHAQUE COUP DOIT ÊTRE EFFECTUÉ DEVANT LE CORPS DU JOUEUR.

Il est devant, pas sur le côté, pas derrière. Le respect de ce principe garantit l'activité de tous les coups, facilite l'avance maximale de la raquette vers l'avant, vous permet d'envoyer la balle vers l'avant le long de la trajectoire la plus courte.

PRINCIPE TROIS

CHAQUE COUP DOIT ÊTRE EFFECTUÉ AU POINT LE PLUS ÉLEVÉ DE LA BALLE.

Dans tous les cas, cela devrait être visé, car:

- à partir de ce point est toujours la plus courte en termes de longueur du trajet, et donc, en termes de durée de vol de la balle, la distance, qui détermine la réduction du temps restant à l'ennemi pour se préparer à la riposte ;
- au point le plus haut du rebond, la balle tourne beaucoup moins qu'aux autres étapes de son vol, et la rotation a moins d'effet sur le coup;
- frapper la balle au point le plus élevé de son rebond fournit un mouvement vers l'avant maximal de la raquette.

PRINCIPE QUATRE

LE MOUVEMENT DE LA RAQUETTE DOIT ÊTRE AU MAXIMUM VERS L'AVANT.

En allongeant, en étirant le contact de la balle avec la raquette (notamment lors de la réception des manches), vous pouvez imposer de manière plus fiable « votre » rotation à la balle. Il ne s'agit pas du tout d'étirer le coup dans le temps, mais seulement d'augmenter la longueur du chemin d'interaction entre la balle et la raquette, mais dans une courte unité de temps.

PRINCIPE CINQ

CHAQUE BALLE DOIT TOURNER CONSCIENTEMENT.

Le respect de ce principe garantit que la balle vole le long d'une trajectoire incurvée fiable - et vous n'entrerez pas dans le filet, car. la balle a une marge de hauteur au-dessus du filet, et vous frapperez plus probablement la table qu'avec un vol rectiligne de la balle. De plus, même lorsque vous êtes en retard dans vos mouvements, même lorsque vous ne pouvez pas suivre pleinement tous les autres principes de frappe, faire tourner la balle rend difficile pour l'adversaire de faire des frappes nettes.

PRINCIPE 6

AU CONTACT DE LA RAQUETTE AVEC LA BALLE, CE N'EST PAS LA VITESSE ABSOLUE DU BRAS ET DE LA RAQUETTE, MAIS LA VALEUR DE L'ACCÉLÉRATION EST IMPORTANTE.

La vitesse initiale de l'approche de la raquette vers la balle augmente plusieurs fois lors d'un coup compétent. Dans les années 70, des études du scientifique de Minsk A.L. Weinstein ont montré comment la vitesse des joueurs hautement qualifiés augmente pendant la grève. Par exemple, avec le fameux coup de main droite du Suédois C. Johansson, qui a tonné dans les années 70, la vitesse de la raquette a augmenté pendant le coup de 128 (!) fois, lors de l'exécution du non moins célèbre coup de main gauche offensif de S Gomozkov, par 26 fois.

L'accélération (une augmentation de la vitesse finale d'impact par rapport à la vitesse initiale) peut atteindre un chiffre élevé non seulement en raison d'une augmentation de la vitesse finale - après tout, les possibilités d'augmentation de la vitesse finale ne sont pas illimitées, mais aussi en raison d'un diminution raisonnable de la valeur initiale. Soit dit en passant, la vitesse initiale relativement faible du mouvement d'impact vous permet d'évaluer calmement, sans chichi, la situation de jeu et la position de l'ennemi et, si nécessaire, de contrôler activement la direction, la vitesse et la nature de la rotation au dernier moment . Dans tous les cas, la vitesse de déplacement de la main et de la raquette doit être telle qu'elle puisse s'y ajouter de manière significative.

PRINCIPE HUIT

LE TRANSFERT DE POIDS CORPOREL ET L'ACCÉLÉRATION DU MOUVEMENT D'IMPACT DOIVENT CORRESPONDRE DANS LE TEMPS.

C'est cette combinaison de timing qui vous permettra d'effectuer des frappes rapides et en même temps fortement tordues. Extérieurement dans le jeu, de telles frappes ont un son de clic et visuellement, elles ont l'air légères et décontractées. Si, toutefois, le transfert du poids du corps et l'accélération "se séparent", les coups s'annoncent lourds et maladroits.

NEUF PRINCIPE

CHAQUE PUNCH DEVRAIT AVOIR UN SWING.

Le respect de ce principe permet d'avoir une vitesse initiale à chaque impact, qui pourra être augmentée par la suite. Et un coup sans balançoire ne convient pas du tout (parfois, ils essaient ainsi de «déguiser» leurs actions). Jouer sans swing conduit au fait que la vitesse de la raquette au début de la frappe est proche de zéro, et il est difficile de l'augmenter, et les frappes sont effectuées principalement uniquement en raison de la réserve d'énergie de la balle entrante. Les balançoires peuvent être très différentes en termes de forme (apparence), de taille et de vitesse. Il est important que les angles et les vitesses corrects soient assurés lorsque la balle et la raquette entrent en contact.

Comme dans tout jeu, les règles du tennis de table visent à rendre le processus intéressant, à minimiser les points controversés, à rendre la compétition claire et correcte.

En résumé, je voudrais souligner qu'actuellement, les gens savent et aiment jouer au tennis de table. L'expérience montre que le tennis de table est un plaisir pour eux. L'efficacité de ces cours sera beaucoup plus élevée si une personne maîtrise la technique rationnelle et la tactique du jeu. Une approche flexible d'une personne, l'utilisation active d'aides visuelles et la démonstration ont également un effet positif sur l'apprentissage. Les cours doivent contenir autant que possible quelque chose de nouveau.

Pour développer et améliorer la vitesse de réaction et la capacité à observer le vol du ballon, les exercices suivants peuvent être utilisés :

1. L'entraîneur (ou partenaire) modifie constamment le rythme des frappes et la vitesse de la balle. L'athlète entraîné répond à un rythme déterminé, par exemple, toutes les balles ne sont réfléchies par lui qu'exactement au point le plus élevé du rebond de la balle (ou uniquement à partir d'un demi-vol, ou uniquement sur une balle qui tombe, etc.). L'exercice peut être compliqué: par exemple, une tâche est donnée - à une certaine vitesse de vol de la balle, répondre à un rythme conditionné (disons, à tous les coups rapides - répondre par des coups au point le plus élevé du rebond de la balle, et pour toutes les balles volant lentement - avec des tirs à mi-vol, etc.).

2. L'entraîneur (ou partenaire) change constamment la nature de la rotation, la longueur du vol de la balle, les balles "coupées" alternent avec des roulades, des caboteurs et des coups plats. En même temps, le stagiaire doit répondre à tous ces coups par des frappes de balle précises à un rythme régulier. L'exercice peut être compliqué et diversifié en proposant de répondre à un certain type de rotation par un type donné de frappe de représailles. Par exemple, il est stipulé que l'athlète doit répondre à toutes les balles coupées avec un top spin, à tous les coups avec top rotation - contre-roulis, etc. L'entraînement de la vitesse de réaction à un changement de la nature de la rotation est beaucoup plus productif et intéressant si la conditionnalité des actions de réponse n'est pas abstraite, mais porte une orientation tactique.

3. L'entraîneur (ou le partenaire) envoie des balles qui sont différentes dans la direction du vol, tout en créant les conditions les plus difficiles pour que l'élève réponde - la direction de la balle change arbitrairement à chaque coup. Dans le même temps, des conditions plus faciles sont créées pour que l'entraîneur (partenaire) le batte - les balles lui sont envoyées de son côté le plus fort. L'entraîneur (partenaire) dans cet exercice doit faire preuve d'un maximum d'ingéniosité et, je dirais, d'esprit dans le choix des directions de ses frappes. Seuls les mouvements non standards, "non timbrés" (difficilement prévisibles) contribuent réellement à l'amélioration de l'observation et de la rapidité de réaction à un changement de direction de vol de la balle. Dans le même temps, il convient de rappeler que souvent la plus grande difficulté n'est pas tant des balles alternant dans des directions différentes, mais des frappes répétées de manière inattendue au même endroit.

Les exercices liés au changement de direction de la trajectoire du ballon peuvent (et doivent) être diversifiés et compliqués en fixant à l'avance des difficultés supplémentaires au stagiaire : vous pouvez par exemple baisser le filet, ce qui affinera les actions du coach (partenaire) , élevez spécialement le ballon à une plus grande hauteur afin que l'entraîneur (ou le partenaire) puisse frapper avec plus de force.

Lors de l'entraînement d'une réaction à un changement de direction du vol de la balle, les exigences d'observation de la balle au moment de son contact avec la raquette de l'adversaire augmentent. Après tout, si la vitesse et la nature de la rotation de la balle peuvent être évaluées non seulement à l'aide d'un analyseur visuel, mais également à l'aide, par exemple, d'un analyseur auditif, alors lors de la détermination de la direction du vol de la balle, il (la balle) doit être VOIR, vu le plus tôt possible, seul cela déterminera le choix correct des actions de réponse.

L'efficacité de tous les exercices ci-dessus augmente fortement à mesure qu'ils approchent du jeu, de l'environnement compétitif. Extrêmement efficace est le jeu sur le score, dans lequel un athlète attaque dans n'importe quelle direction et l'autre envoie toutes les balles à une moitié donnée de la table, tandis que tout le jeu, y compris les services, est contre-roulé. La pratique montre que dans un tel exercice de jeu, un handicap de sept à huit points suffit à égaliser les conditions de jeu de deux joueurs à peu près égaux.

Il est assez difficile de combiner l'entraînement de tous les types de réactions à la fois (pour changer la vitesse de la balle, pour changer la nature de la rotation, pour changer la direction du vol de la balle), vous devez donc vous entraîner progressivement individuellement types de réactions, puis introduisez dans le processus d'entraînement des exercices qui combinent l'entraînement de deux types de réactions - dans diverses combinaisons, et seulement après cela, procédez à un entraînement complexe de la vitesse de réaction.

Étendre et améliorer les méthodes d'entraînement de la vitesse de réaction et de la capacité d'observer la balle et les actions préparatoires de l'adversaire est l'un des principaux moyens d'améliorer le tennis de table, un jeu dans lequel le TEMPS de parer les coups devient de plus en plus facteur décisif.

Le caractère unique de la technologie de tennis de table de mon auteur réside, premièrement, dans le fait qu'elle permet d'améliorer à la fois la grande et la fine motricité des muscles, renforce l'articulation de l'épaule, les biceps, les triceps, ainsi que les muscles des mains, c'est-à-dire , il a un effet curatif complexe. Deuxièmement, cette technologie exclusive unique peut être utilisée pour entraîner divers groupes d'athlètes, car elle a pour effet d'augmenter le taux de réaction. Les stagiaires peuvent être des boxeurs et des kickboxeurs qui se comportent de manière professionnelle et entraînent régulièrement leurs réactions. Il convient de noter qu'à l'heure actuelle, le sport le plus rapide est le tennis de table, car les vitesses les plus élevées pendant le jeu sont atteintes ici. Cela indique non seulement le caractère unique, mais aussi l'utilisation généralisée du tennis de table,

Lorsqu'un joueur garde constamment à l'esprit l'image globale du match et compte les points du score - il entraîne, il passe en revue les tactiques possibles, tout en surveillant constamment le ballon, sans le perdre de vue même pendant une fraction de une seconde, et le jeu continue à une vitesse incroyable. La plus grande concentration d'attention est une composante nécessaire du succès au tennis de table. Par conséquent, il est conseillé aux enfants de jouer régulièrement au tennis de table pour augmenter leur attention.

LISTE DE LA LITTÉRATURE UTILISÉE, DES INFORMATIONS SUR LES BREVETS ET LES LICENCES

ANNEXE 1

Brevet des États-Unis **10 065 068**
wilson **4 septembre 2018**

Appareil de rééducation de la cheville réglable

Résumé

Divers modes de réalisation concernent un dispositif de rééducation de la cheville réglable pour rééduquer les ligaments déchirés associés à une entorse à la cheville. Le dispositif de rééducation peut comprendre une plate-forme plane fixée à une chaussure, et un rail d'équilibrage fixé de manière réglable au bas de la plate-forme et s'étendant d'avant en arrière. Le rail d'équilibrage est configuré pour placer sélectivement une quantité de contrainte souhaitée sur le muscle médial ou, en variante, sur le muscle latéral en ajustant le rail d'équilibrage d'un côté à l'autre. Le dispositif peut comprendre des attaches réglables pour fixer le rail d'équilibrage à une position souhaitée adjacente au bas de la plate-forme.

ANNEXE 2

Brevet des États-Unis **9 616 283**
Heineck, et al. **11 avril 2017**

Dispositif thérapeutique

Résumé

L'invention concerne un dispositif thérapeutique à faible contrainte utilisant des repose-pieds et des rails de guidage ayant des surfaces de suivi de fonctionnement à faible coefficient de frottement supportées par une plate-forme. Le dispositif comprend un stabilisateur de rail équipé d'un évidement ou d'une fente s'étendant longitudinalement et une plaque de pied montée de manière coulissante ayant sur sa face inférieure une saillie longitudinale retenue de manière coulissante à l'intérieur de l'évidement de rail. Le dispositif thérapeutique peut être conçu pour fonctionner sous une contrainte relativement sans effort à un faible coefficient de frottement. Le dispositif thérapeutique est utile pour le remplacement du genou, les victimes d'accidents vasculaires cérébraux, la réparation du LCA et d'autres traitements thérapeutiques nécessitant un effort initial nominal de mouvement pour la rééducation. Le dispositif peut être fourni sous la forme d'un dispositif à un ou deux pieds d'un poids léger particulièrement utile dans une position assise ou couchée du patient.

ANNEXE 3

Brevet des États-Unis **9 532 916**
Tsui, et al. **3 janvier 2017**

Dispositif d'assistance électrique portable pour la rééducation de la main

Résumé

L'invention concerne un dispositif d'assistance électrique portable pour la rééducation de la main comprenant une attelle de main ayant une plate-forme externe et une plate-forme interne reliée à et espacée vers l'intérieur de la plate-forme externe. Des ensembles à cinq doigts sont montés de manière réglable sur et s'étendant depuis l'extrémité distale de la plate-forme externe. Chaque ensemble doigt comprend un ensemble suiveur proximal pour une articulation métacarpo-phalangienne. Cinq moteurs sont utilisés pour actionner respectivement les cinq ensembles de doigts. Chaque moteur est monté à proximité immédiate de la plate-forme externe et possède une extrémité connectée à la plate-forme externe et une autre extrémité couplée à son ensemble suiveur proximal par une rotule afin de faciliter le transfert de force et de minimiser les contraintes mécaniques sur les autres parties du moteur. appareil.

ANNEXE 4

Brevet des États-Unis **7 255 619**
Rasmussen **14 août 2007**

Dispositif aquatique à résistance variable et procédés d'utilisation de celui-ci

Résumé

Un dispositif aquatique est utilisable dans un environnement aquatique à diverses fins, telles que la thérapie physique, la rééducation et/ou l'exercice. Le dispositif aquatique permet à une personne de simuler un cycle de marche ou de course dans l'environnement aquatique, réduisant ainsi le stress/effort associé à la marche ou à la course sur le sol. Un dispositif aquatique comprend un élément de réception de pied couplé en rotation à un élément d'aileron. L'élément de nageoire, lorsqu'il est dans une position déployée, offre une résistance accrue lorsque la personne tente de marcher ou de courir dans l'environnement aquatique. Lors d'une démarche de marche ou de course, l'élément d'aileron se déplace dans une position repliée, réduisant ainsi la résistance de l'eau sur le dispositif aquatique. Le dispositif aquatique est adaptable et modifiable pour avoir des formes, des conceptions, des tailles, des niveaux de résistance et/ou d'autres aspects variables.

ANNEXE 5

Brevet des États-Unis	**6 056 613**
Brochet	**2 mai 2000**

Dispositif de flottaison polyvalent à des fins récréatives, d'exercice, d'instruction et de rééducation

Résumé

Une forme d'exercice et de thérapie récemment populaire, les appareils d'exercice aquatique présentent des conditions de fonctionnement uniques pour le corps en raison de leur utilisation de la résistance à l'eau et de leur flottabilité. En utilisant correctement la résistance à l'eau, ces appareils peuvent fournir au corps un excellent entraînement musculaire et cardiovasculaire, en même temps, la flottabilité offerte par ces appareils élimine le stress et les blessures associés à l'impact discordant d'exercices terrestres tels que la course et l'aérobic. . C'est également un objet de la présente invention de fournir un dispositif d'exercice aquatique qui est une unité singulière. L'inventeur a commencé à suivre un cours d'aquagym en 1995 pour des raisons de santé. Faire de l'exercice dans l'eau a éliminé la majeure partie de la douleur du mouvement, mais l'inventeur a découvert qu'elle se faisait encore mal. Elle cherchait à atteindre un état d'apesanteur véritable dans lequel conditionner son corps. Elle a essayé les divers appareils fournis par la piscine, mais aucun ne s'est avéré efficace pour lui offrir l'entraînement sans impact qu'elle était déterminée à trouver. Avec un problème à résoudre, l'inventeur a expérimenté, modifié et conçu un nouveau dispositif de flottaison amélioré qui est uniquement différent dans son adaptabilité à de nombreuses applications. Un dispositif de flottaison unique et différent de la présente invention va au-delà des conceptions restrictives de l'art antérieur conçues pour traiter l'un ou l'autre aspect de la sécurité aquatique, de l'exercice, de la rééducation ou des loisirs. Cette invention s'adapte à l'utilisation dans une multitude d'expressions du yoga aquatique, une synergie unique de la culture orientale ancienne et de la technologie moderne ; aux exercices d'aquagym incorporant des activités d'amélioration cardiovasculaire ; réadaptation suite à une blessure ou une maladie physique; ainsi que d'aborder les aspects fondamentaux de la sécurité aquatique et d'apprendre à nager. Dispositif de flottaison pour divers exercices, instruction, rééducation, à des fins thérapeutiques et/ou récréatives ; cette invention fournit un support de flottaison comme aucun autre produit sur le marché en raison de sa conception et de sa flexibilité uniques et du nombre multiple de façons dont il peut être utilisé. Avec cette invention, il est possible de flotter sur le dos, en se déplaçant à travers divers mouvements et étirements de relaxation du yoga aquatique; conduisez-le comme un siège de vélo ; asseyez-vous dessus comme une balançoire; enroulez-le autour du torse et attachez-le pour un entraînement en eau profonde et/ou pour ceux qui ne sont pas à l'aise dans l'eau, mais qui doivent entrer à des fins de santé et/ou de rééducation ; tenez-le avec les mains; glissez-le sous les bras, de l'avant vers l'arrière ou de l'arrière vers l'avant ; tout pour se déplacer à travers divers exercices pour la santé, la rééducation et le plaisir. La variation est utilisée pour fournir une flottaison supérieure dans un style clip. Avec cette invention fixée autour du torse, jusqu'à la poitrine et autour de la nuque, le porteur est pourvu d'un support sans mains. Tout en portant l'invention, le porteur peut flotter vers l'avant pour nager et apprendre les mouvements ; faire du surplace en position verticale ; et/ou flotter en décubitus dorsal ; le tout avec une amplitude de mouvement complète des membres et/ou du torse. Cette variante de l'invention peut être utilisée dans l'enseignement de la natation, la sécurité de la piscine, la rééducation, les loisirs, l'instruction et la sécurité générale au bord de la piscine. le porteur est pourvu d'un support sans mains. Tout en portant l'invention, le porteur peut flotter vers l'avant pour nager et apprendre les mouvements ; faire du surplace en position verticale ; et/ou flotter en décubitus dorsal ; le tout avec une amplitude de mouvement complète des membres et/ou du torse. Cette variante de l'invention peut être utilisée dans l'enseignement de la natation, la sécurité de la piscine, la rééducation, les loisirs, l'instruction et la sécurité générale au bord de la piscine. le porteur est pourvu d'un support sans mains. Tout en portant l'invention, le porteur peut flotter vers l'avant pour nager et apprendre les mouvements ; faire du surplace en position verticale ; et/ou flotter en décubitus dorsal ; le tout avec une amplitude de mouvement complète des membres et/ou du torse. Cette variante de l'invention peut être utilisée dans l'enseignement de la natation, la sécurité de la piscine, la rééducation, les loisirs, l'instruction et la sécurité générale au bord de la piscine.

ANNEXE 6

Brevet des États-Unis **5 476 429**
Biglow et al. **19 décembre 1995**

Tapis roulant à utiliser avec un fauteuil roulant

Résumé

Dispositif d'exercice pour l'occupant d'un fauteuil roulant agissant comme un tapis roulant qui peut être utilisé pour un test de stress cardiaque, une réadaptation cardiaque ou d'AVC, un entraînement physique, un entraînement aérobie ou des jeux éducatifs/physiques, le dispositif comprenant une rampe généralement inclinée ayant des côtés parallèles, une partie d'entrée avant, un chariot mobile monté sur des rails sur les côtés de la rampe, le chariot ayant une paire de plaques de capture de roulettes mobiles latéralement avec des ouvertures pour recevoir les roulettes avant d'un fauteuil roulant et des tiges angulaires coopérant avec les roues motrices du fauteuil roulant agissant pour régler l'écartement latéral desdites plaques, des moyens de verrouillage du chariot pour le retenir dans sa position avant, des moyens de verrouillage distincts pour verrouiller le chariot dans sa position arrière lorsqu'un fauteuil roulant a été amené sur la rampe en position de fonctionnement,une paire d'ouvertures élargies adjacentes au bord arrière de la rampe, et une paire de roulettes mobiles longitudinalement sous la rampe et mobiles entre une position arrière rétractée permettant aux roues motrices du fauteuil roulant d'être partiellement reçues dans les ouvertures et une position avant sous les roues motrices pour engager et soulever les roues motrices afin que l'utilisateur puisse faire tourner manuellement les roues motrices du fauteuil roulant pour faire tourner les rouleaux et fournir des signaux à un appareil de commande pour le type d'entraînement, de test ou de rééducation souhaité.et une paire de rouleaux mobiles longitudinalement sous la rampe et mobiles entre une position rétractée arrière permettant aux roues motrices du fauteuil roulant d'être partiellement reçues dans les ouvertures et une position avant sous les roues motrices pour engager et soulever les roues motrices afin que l'utilisateur puisse manuellement faire tourner les roues motrices du fauteuil roulant pour faire tourner les rouleaux et fournir des signaux à un appareil de commande pour le type d'entraînement, de test ou de rééducation souhaité.et une paire de rouleaux mobiles longitudinalement sous la rampe et mobiles entre une position rétractée arrière permettant aux roues motrices du fauteuil roulant d'être partiellement reçues dans les ouvertures et une position avant sous les roues motrices pour engager et soulever les roues motrices afin que l'utilisateur puisse manuellement faire tourner les roues motrices du fauteuil roulant pour faire tourner les rouleaux et fournir des signaux à un appareil de commande pour le type d'entraînement, de test ou de rééducation souhaité.

ANNEXE 7

Demande de brevet aux États-Unis	**20130261514**
Code de type	**A1**
TSUI ; Michael Kam Fai ; et coll.	**3 octobre 2013**

DISPOSITIF D'ASSISTANCE ELECTRIQUE PORTABLE POUR LA READAPTATION DE LA MAIN

Résumé

L'invention concerne un dispositif d'assistance électrique portable pour la rééducation de la main comprenant une attelle de main ayant une plate-forme externe et une plate-forme interne reliée à et espacée vers l'intérieur de la plate-forme externe. Des ensembles à cinq doigts sont montés de manière réglable sur et s'étendant depuis l'extrémité distale de la plate-forme externe. Chaque ensemble doigt comprend un ensemble suiveur proximal pour une articulation métacarpo-phalangienne. Cinq moteurs sont utilisés pour actionner respectivement les cinq ensembles de doigts. Chaque moteur est monté à proximité immédiate de la plate-forme externe et possède une extrémité connectée à la plate-forme externe et une autre extrémité couplée à son ensemble suiveur proximal par une rotule afin de faciliter le transfert de force et de minimiser les contraintes mécaniques sur les autres parties du moteur. appareil.

ANNEXE 8

Demande de brevet aux États-Unis	**20120329611**
Code de type	**A1**
Bouchard; Marc; et coll.	**27 décembre 2012**

Dispositif et méthode de rééducation motorisée du bas du corps

Résumé

L'invention concerne un appareil et un procédé de rééducation motorisés pour des personnes handicapées, affaiblies ou blessées, qui entraînent une démarche appropriée, augmentent le flux sanguin, soulagent le stress et reconditionnent les muscles et les articulations du bas du corps. Le dispositif comprend une bicyclette stationnaire motorisée ayant un siège, des poignées et des pédales rotatives qui reçoivent une entrée motrice d'un moteur électrique et une entrée utilisateur. Le dispositif comprend en outre une paire d'orthèses de cuisse qui sont reliées entre les cuisses de l'utilisateur par l'intermédiaire d'un lien articulé et d'une chaîne qui contrôle et entraîne les membres d'un individu grâce à la rotation de la pédale. Le procédé décrit combine en outre le présent dispositif de bicyclette pour la rééducation en conjonction avec des stimuli visuels à la manière d'un écran de télévision tridimensionnel qui stimule les endorphines,

ANNEXE 9

Demande de brevet aux États-Unis	**20070093153**
Code de type	**A1**
Rasmussen; Scott K.	**26 avril 2007**

Dispositif aquatique à résistance variable et procédés d'utilisation de celui-ci

Résumé

Un dispositif aquatique est utilisable dans un environnement aquatique à diverses fins, telles que la thérapie physique, la rééducation et/ou l'exercice. Le dispositif aquatique permet à une personne de simuler un cycle de marche ou de course dans l'environnement aquatique, réduisant ainsi le stress/effort associé à la marche ou à la course sur le sol. Un dispositif aquatique comprend un élément de réception de pied couplé en rotation à un élément d'aileron. L'élément de nageoire, lorsqu'il est dans une position déployée, offre une résistance accrue lorsque la personne tente de marcher ou de courir dans l'environnement aquatique. Lors d'une démarche de marche ou de course, l'élément d'aileron se déplace dans une position repliée, réduisant ainsi la résistance de l'eau sur le dispositif aquatique. Le dispositif aquatique est adaptable et modifiable pour avoir des formes, des conceptions, des tailles, des niveaux de résistance et/ou d'autres aspects variables.

ANNEXE 10

Demande de brevet aux États-Unis **20060211937**
Code de type **A1**
Eldridge ; robert **21 septembre 2006**

Vêtement pour faciliter l'utilisation d'un dispositif de surveillance portable

Résumé

L'invention porte sur un vêtement configuré pour contenir un dispositif médical portable, et plus particulièrement sur un vêtement supérieur modifié pour maintenir, fixer et dissimuler un moniteur cardiaque tout en permettant un accès facile et discret à des points de dérivation cardiaque sur un patient. Le vêtement a une poche extérieure pour un moniteur. Il a en outre une pluralité d'ouvertures pour permettre la fixation de fils de moniteur sur un patient sans qu'il soit nécessaire de retirer le vêtement. Les ouvertures peuvent également comporter des moyens de fermeture. Le vêtement offre modestie, confort, durabilité et une apparence attrayante. Le vêtement peut être configuré pour être utilisé dans toutes les situations de réadaptation cardiaque, y compris les tests d'effort et d'effort. L'ensemble du vêtement est fait de matériaux transparents aux rayons X.

ANNEXE 11

Demande de brevet aux États-Unis **20060142680**
Code de type **A1**
Iarocci; Michel Antoine **29 juin 2006**

Assistance active pour la cheville, le genou et d'autres articulations humaines

Résumé

L'invention concerne un dispositif d'assistance articulaire humaine qui applique un couple au niveau de l'articulation pour assister les forces d'effort physiologiques, c'est-à-dire la tâche de charge de l'articulation et des muscles, tendons et ligaments environnants. L'application de cet appareil réduit l'exigence de force d'effort physiologique et peut être ajustée par rapport au niveau d'assistance, pour s'adapter au problème associé au mouvement articulaire et est utile pour la rééducation articulaire et les activités sportives. Cela se traduit entre autres par une réduction de la force d'effort physique d'une manière qui facilite l'extension des leviers (os longs) associés à l'extension contre une résistance donnée. Par exemple, le fait de se tenir debout à partir d'une position accroupie avec l'aide de ce dispositif réduit la contrainte sur les membres physiologiques associée à l'articulation articulaire.

ANNEXE 12

Demande de brevet aux États-Unis	**20180001172**
Code de type	**A1**
SUTTA ; Peters ; et coll.	**4 janvier 2018**

STRUCTURE D'ÉLÉMENT ACCESSOIRE POUR ÉQUIPEMENT D'UN TERRAIN D'ENTRAÎNEMENT DE FLOORBALL ET UTILISATION DE CELUI-CI POUR LA FORMATION D'UN SIMULATEUR DE FLOORBALL

Résumé

L'invention concerne l'équipement de la patinoire d'entraînement pour le floorball, la fabrication d'un élément structurel d'exerciseur, appliquant le concept de cordage de raquette de tennis. Conception proposée d'un élément subsidiaire pour un agencement de piste de floorball caractérisée en ce qu'elle est réalisée sous la forme d'un treillis formé par : deux plaques d'extrémité parallèles ; plusieurs tiges filetées en tant qu'éléments raidisseurs ; deux structures à cordes élastiques disposées dans deux plans parallèles, en ce que chacune d'elles présente un côté du treillis mentionné et munies de : --trous pour la fixation de tiges filetées qui assurent la rigidité et la capacité portante de la structure de cadre de l'élément subsidiaire ; --trous pour le cordage entrecroisé dans deux plans parallèles et la fixation du cordage aux plaques d'extrémité mentionnées indépendamment l'une de l'autre.

ANNEXE 13

Demande de brevet aux États-Unis	**20160296815**
Code de type	**A1**
Pindrik ; Michael	**13 octobre 2016**

Plus de balle rebondissante

Résumé

Appareil de jeu facile à assembler et à démonter permettant à un seul joueur de jouer à un jeu comparable au tennis et/ou au ping-pong dans un espace limité. L'appareil de jeu proposé permet également à un seul joueur de perfectionner son habileté.

ANNEXE 14

Demande de brevet aux États-Unis	**20070238561**
Code de type	**A1**
Hou ; Liang Fa	**11 octobre 2007**

Structure de la raquette de tennis jouet

Résumé

Structure de la raquette de tennis jouet, qui améliore principalement la composition de la face de frappe de la raquette de tennis jouet ; il étire une ficelle dont un côté est adhésif à travers des trous autour de la tête de raquette de tennis en horizontal et longitudinal pour faire un réseau, de sorte qu'un côté de ce réseau soit face adhésive et un autre côté soit la face de frappe ; une telle combinaison permet de frapper la face d'une raquette de tennis jouet qui peut produire une force de rebond grâce au réseau flexible, en outre, une telle raquette peut fournir le meilleur effet de ventilation pour réduire la résistance au vent, vous pouvez frapper la balle facilement comme si vous jouiez avec une vraie raquette de tennis.

Printed by Books on Demand GmbH, Norderstedt / Germany